착하게 살아도 천국에 들어가지 못하는가?

KB201575

새생면 전도/교육 소책자 시리즈 06

착하게 살아도 천국에 들어가지 못하는가?

초   판 l 제 1쇄 2007.08.20
개정증보판 l 제 1쇄 2012.06.15

지은이 l 정성민
펴낸이 l 정성민
펴낸곳 l 푸른초장

등록번호 l 제387-2005-00011호(2005년 5월 17일)
소재지 l 경기 파주시 광탄면 분수리 350-3번지
TEL 031) 947-9753 (푸른초장), 010-6233-1545
출판유통 l 하늘유통 031) 947-7777, FAX 031) 947-9753
인쇄처 l 예원

책값은 뒤표지에 있습니다.
ISBN 978-89-92817-41-7   03230

독자의 의견을 기다립니다.
sungjeong@hotmail.com

착하게 살아도 천국에 들어가지 못하는가?

CAN'T THE GOOD ENTER INTO HEAVEN IF THEY DO NOT BELIEVE IN JESUS CHRIST?

　새로운 신자를 위한 전도와 교육을 위해 새생명전도 10단계 시리즈를 출간하지 벌써 5년이 되었습니다. 그동안 많은 목회자를 통해서 이 책이 새신자의 전도와 교육을 위해서 유용하게 사용되어지고 있다는 소식을 접하였습니다. 정말 이 책을 사용하여 주시는 하나님께 감사할 따름입니다.

　본래 비신자들에게 복음을 전하기 위해 쓰여 진 [예수! 그가 다가온다]와 초신자들에게 기독교 신앙을 쉽게 설명해주기 위해 쓰여 진 [예수! 그를 만나다]를 통합하면서 새신자전도와 교육을 위한 10단계 시리즈를 만들게 되었습니다. 각각 주제에 맞는 부분들을 두 권의 책에서 뽑아서 10권의 소책자를 아래와 같이 구성하게 되었습니다.

많은 분들이 인터넷 서점 독서평을 통해서 말씀해주신 대로 이 소책자 시리즈는 비신자들이 지니고 있는 기독교에 대한 의구심을 객관적으로 설명하였습니다. 또한 각각의 주제를 소책자 분량으로 편집하여 책을 읽는 즐거움을 더하였습니다.

이 소책자 시리즈는 신앙의 기초가 약한 성도들에게도 체계적인 교리를 가르쳐주기에 새신자들을 위한 성경공부 안내서가 될 것입니다. 다음으로 다양한 주제를 다루고 있기에 비신자들의 진리에 대한 갈망을 해소 시켜줄 수 있습니다. 그래서 태신자 전도, 오이코스 관계전도, 그리고 알파코스와 같은 전도를 위한 다양한 프로그램이나 세미나에 유용한 책자가 될 수 있습니다. 아니면 대학부나 청년부 성경공부 교재로도 쓰일 수도 있음을 기억해주시길 바랍니다.

독자들의 이해를 돕기 위해 인터넷 서점 인터파크에 올려 진 소책자에 대한 서평 하나를 소개해드립니다.

이 책은 소책자입니다. 크기도 작습니다. 분량이 적습니다. 그래서 아마 읽기 전에는 내용이 얕거나 부실 할 것으로 생각이 될 겁니다. 그러나 예상과 달리 내용은 상당히 좋습니다. 깔끔합니다. 핵심만 분명히 전합니다. 이 책(소책자 시리즈 4권)에서는 악의 문제를 잘 다루고 있습니다. 악의 문제에 대해 간결하게 핵심만 다룹니다. 그와 관련된 의심을 명쾌히 정리하고, 답변 해 줍니다. 시리즈의 제목은 '새생명 전도 시리즈' 라서 내용이 새신자 수준에 맞춰져 있을 것이라 예상 될 겁니다. 그러나 시리즈명과는 어울리지 않게 내용이 꽤 심도 있습니다. 그렇다고 많이 깊어서 이해하기 어려운 건 아닙니다. 너무 얕지도 않고 딱 좋습니다. 그래서 새신자는 물론 기존 신자도 읽으면 좋습니다. 악의 문제에 대해서 다른 책을 볼 필요 없이 이 책 한 권으로 기본적인 정리를 할 수 있을 것입니다. [인터파크 서평 중에서]

본 새신자전도 및 교육을 위한 10단계 시리즈는 새생명전도 10단계 시리즈의 개정증보판입니다. 이 개정증보판은 전체적인 내용이 원판과 거의 동일합니다. 하지만 설명이 더 필요한 곳에 좀 더 내용을 보강하였고, 각 권의 마지막 부분에 필요에 따라 부록을 첨부하였습니다. 각 권의 주제와 연관된 방송원고, 설교, 신학적인 글을 추가한 것입니다. 혹시 부록이 부담스럽거나 이해하기가 힘든 분들은 그냥 읽지 말고 넘어가시어도 좋습니다. 본 개정증보판은 책 표지와 내지의 디자인을 새롭게 구성하였습니다.

바라는 것은 이 소책자 시리즈가 한국교회의 부흥과 성숙을 위해 크게 쓰임 받는 것입니다. 마지막으로 이 모든 것을 허락해주신 풍성한 은혜의 하나님께 영광을 올립니다.

"깊도다 하나님의 지혜와 지식의 풍성함이여, 그의 판단은 헤아리지 못할 것이며 그의 길은 차지 못할 것이로다.... 이는 만물이 주에게서 나오고 주로 말미암고 주에게로 돌아감이라 그에게 영광이 세세에 있을지어다. 아멘." (로마서 11:33, 36)

2012년 3월 20일
저자 정성민 교수

CONTENTS

차 례

1 Can't the Good Enter Into Heaven If They Do Not Believe In Jesus Christ?

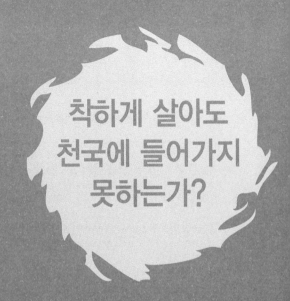

착하게 살아도
천국에 들어가지
못하는가?

과연 인간의 죄는 유전되는가?

죄로 인해 선한 것을 선택할 능력을 상실한 세상의 모습을 보십시오.

절망 속에 핀 소망의 꽃 - 예수 그리스도

선행적 삶은 구원받은 사람들의 응답입니다.

이 세상에는 선한 사람들이 많습니다. 기독교인은 아니지만 기독교인보다 더 착하게 살아가는 사람도 많습니다. 법 없이도 살 것 같은 사람도 있습니다. 그런데 기독교는 아무리 선한 사람이라도 예수님을 통해 죄를 용서 받아야 구원을 얻을 수 있다고 주장합니다. 기독교인이 아닌 사람으로서는 이해하기 어려운 문제입니다.

최초의 인간인 아담과 하와는 본래 하나님의 형상대로 선하게 지음을 받았습니다. 하지만 이들은 하나님께 불순종하여 타락의 길을 걷게 되었습니다. 타락한 최초의 인간들은 에덴동산에서 쫓겨났습니다. 그런데 그들이 쫓겨나 살게 된 세상도 그들로 인해 저주를 받았습니다. 서로 믿지 못하고 죽고 죽이며 피를 흘리는 세상이 되어버렸습니다. 인간은 결국 원죄의 굴레에 갇혀버리게 된 것입니다. 이러한 죄성은 지금도 여전히 우리의 삶 가운데 남아있습니다.

아마 여러분은 위와 같은 기독교의 주장에 대해 다음과 같이 질문할 수도 있습니다.

"과일 하나 따먹은 것이 뭐가 그리 큰 죄란 말인가?"

"그렇게 유혹적으로 과일을 만들어 놓고 방치한 조물주의 책임은 없는가?"

"그들이 지은 죄가 현재를 살아가는 우리들에게 유전된다니, 그게 가능한 말인가?"

여러분은 기독교에서 말하는 최초 인간의 죄와 그로 인한 죄의 유전성을 증명해주기를 원하실 것입니다. 그러나 우리는 기독교의 원죄가 역사적 사실임을 이 자리에서 직접적으로 증명할 수는 없습니다. 단지 인간 삶의 현실을 통해 인간의 죄악성을 증명할 수 있습니다. 그리고 그것을 통해 아담과 하와의 원죄적 사건을 역사적인 사건으로 유추할 수 있습니다.

먼저 우리는 기독교가 말하고 있는 "죄"와 "죄의 유전"에 대한 의미를 바르게 이해해야 합니다. 성경이 말하는 죄는 하나님께 불순종하는 것을 의미합니다. 죄는 단순한 윤리적인 죄보다는 하나님과의 관계성의 파괴를 의미합니다. 따라서 하나님이 정해 놓으신 길에서 벗어난 것이 바로 죄입니다. 아담과 하와의 불순종의 죄는 그들의 후손인 우리들에게도 영향을 미쳤습니다. 아담과 하와가 지은 죄를 '원죄'라고 부르며, 그들의 죄가 인류에게 그대로 전달되는 것을 '죄의 유전'이라고 부릅니다.

그런데 대부분의 사람들은 원죄의 사건과 죄의 유전성을 믿지 않습니다. 그저 기독교가 만들어낸 신화로 간주합니다. 이렇게 주장하는 기독교를 부정합니다. '당신은 죄인입니다'라고 설교하는 목사를 싫어합니다. 아마도 현대인들에게는 '죄인들이여, 예수 믿고 구원 받으십시오'라고 외치는 설교보다는 윤리적이고 도덕적인 삶을 살아가라는 내용의 설교가 더욱 호소력이 있을지도 모르겠습니다.

죄로 인해 선한 것을 선택할 능력을 상실한 세상

1차 세계대전까지만 해도 사람들은 '인간'에 대해 낙관적으로 생각했습니다. 인간은 선하며 능력이 있기 때문에 인간 스스로의 힘으로 이 땅에 파라다이스를 만들 수 있다고 믿었습니다. 그러나 1차 세계대전은 인간에 대한 낙관적 기대를 여지없이 무너뜨렸습니다.

노벨은 본래 평화주의자로서 전쟁을 종식시키려고 다이너마이트를 발명했습니다. 하지만 선한 목적을 위해 발명된 다이너마이트는 1차 세계대전에서 대량 살상무기로 엄청난 위력을 발휘했습니다.

남북전쟁 때, 의사 리처드 개틀링은 "만약 군인 혼자서 백 명의 역할을 해낼 수 있는 총이 있다면, 전쟁터에서 군인들의 목숨을 많이 구할 수 있을 거야."라고 생각했습니다. 그래서 그는 회전 통을 중심으로 6개의 총구를 묶고 자동 장전되는 기관총을 만들었습니다. 그러나 그의 의도와는 달리 1분에 350발의 탄환을 발사하는 기관총은 일순간에 수많은 사람을 손쉽게 죽일 수 있는 가장 효과적인 전투용 무기가 되고 말았습니다.

참으로 슬픈 현실입니다. 왜 인간들은 선한 것을 선하게 사용하지 않고 그것을 악용하는지 모르겠습니다. 아무리 인간의 의도가 선하다 할지라도 우리 삶의 현실은 선한 의도대로 되지 않습니다. 왜냐하면 인간이 부패하고 타락하였기 때문입니다. 그래서 우리의 선한 의지는 항상 왜곡되고 맙니다.

국제사회는 두 가지 원리에 의해 지배되고 있습니다. 첫째는 힘의 원리입니다. 미국의 패권주의도 바로 이러한 현상 중의 하나입니다. UN의 민주적인 절차보다도 미국의 강압적인 힘이 세계를 지배하고 있습니다. 미국의 입장이 바로 세계의 법이 되는 것이 지금의 세계정세입니다. 둘째 국제사회를 지배하는 원리는 실리주의인데 이는 모든 나라들이 자국의 이익대로 움직이는 것을 말합니다. 각 나라의 실리에 따라 어제의 우방이 오늘의 원수가 되고, 오늘의 원수가 내일의 우방이 됩니다. 국제사회 속에서 의리나 신념은 아무런 문제가 되지 않습니다. 문제가 되는 것은 '각 나라에 무엇이 실질적인 이익이 되는가?'입니다.

이상(理想)과 현실은 언제나 일치하지 않습니다. 모든 인간들은 이상적인 삶과 이상적인 세계의 모습을 추구합니다. 그러나 이상적인 삶을 추구하면 할수록 오히려 더 비정하고 절망적인 세계의 모습을 발견하게 됩니다. 이상적인 세계를 추구했던 사회주의권 국가들이 오히려 더 잔인한 독재국가를 형성했던 사실은 이러한 이상과 현실의 괴리를 잘 보여주고 있습니다. 이러한 일련의 사건들은 결국 죄의 강력한 영향력을 보여주고 있습니다.

결국 우리는 인간 존재에 대해 보다 근본적인 문제에 접근하지 않을 수 없습니다. 그것은 바로 죄인 된 인간의 모습입니다. 인간은 그것이 잘못인 줄 알면서도 죄를 선택하는 부패성을 근본적으로 안고 있습니다. 바로 이것이 성경이 "죄인"이라고 선언한 인간 실존의 모습입니다. 선한 것을 알고 있지만 선을 행할 수 없고 선을 선택할 수도 없는 것이 인간의 모습인 것입니다.

한 가지 더 예를 들어보겠습니다. 사회주의 실험이 결국 실패로 끝나고 자본주의가 끝까지 살아남았다는 사실에서 인간이 악한 존재라는 증거를 찾을 수 있습니다. 공산주의 이론 자체는 매력적이지만 현실적으로 실현되기에는 너무나 이상적인 이론이라고 하지 않을 수 없습니다. 인간은 능력이 있어도 자신에게 직접적인 실익이 돌아오지 않는 이상 열심히 일하지 않습니다. 반면 당장 자신에게 필요하지 않더라도 꾸역꾸역 욕심을 내어 쌓아두려고 하는 것이 인간의 속성입니다. 인간을 너무 낙관적으로 보았던 공산주의 이론은 결국 실현되지 못했고 실패하고 말았습니다.

바꿔 말하면 공산주의는 인간의 악함을 보지 못했습니다. 공산주의는 인간의 게으름과 나태를 보지 못했습니다. 반면 자본주의 국가는 현재 살아남아 번성하고 있습니다. 서로 경쟁을 시켜 놓고, 상대를 밟고 일어서는 자에게 이익이 돌아가도록 해 놓으면 정말 죽도록 일을 합니다. 더욱 심각한 문제는 인간들이 너무 욕심을 낸 나머지 공정한 경쟁이라는 자본주의의 최소한의 예의조차도 파괴하는 경우가 많다는 것입니다.

서로 돕고 살기 보다는 서로 싸우고 죽여야만 힘이 나고 기쁨이 생기는 이 세상은 참으로 불행한 세상입니다. 이러한 치열한 경쟁사회에서 어느 누가 자신의 선함으로 구원받을 수 있다고 장담할 수 있겠습니까? 인간은 절대 자신의 선행으로 구원받을 수 없습니다.

그러나……

절망 속에 핀 소망의 꽃 ― 예수 그리스도

19세기 덴마크의 유명한 철학자 키에르케고르는 인간의 실존을 세 단계로 나눴습니다.

첫째는 육적인 단계입니다. 동물적인 본능과 직접적인 감각에 의해 좌우되는 삶, 향락을 목적으로 삼는 삶입니다. 이 단계의 인간은 철저히 자기중심적인 삶을 영위하면서 절망, 권태, 불안과 끊임없는 싸움을 합니다. 이러한 동물적이며 감각적인 삶을 벗어나 자유하길 원하는 자들이 선택하는 것이 바로 윤리적 단계입니다.

인간 실존의 두 번째 단계인 윤리적 단계의 특징은 아이러니입니다. 아이러니는 원래 가장, 변장 또는 가면을 의미합니다. 즉 이 단계의 사람은 도덕적인 삶을 살지 못하면서 그런 척하는 위선적인 삶을 반복하게 되는 것입니다. 인간은 이러한 위선적 삶으로 인해 절망하게 됩니다. 절망은 죽음에 이르는 병입니다. 그러나 동시에 절망은 희망이기도 합니다. 그 이유는 인간은 절망의 끝에서 결국 신의 존재를 찾게 되기 때문입니다.

그래서 우리는 세 번째 단계인 종교의 단계에 다가서게 됩니다. 그런데 육적인 단계와 윤리적 단계는 인간 스스로 도달할 수 있지만, 종교적 단계는 하나님의 은혜로만 가능합니다. 유한한 인간과는 전혀 다른 초월적인 하나님만이 인간들의 절망을 해결할 수 있습니다. 위선적 윤리의 가면을 벗고 하나님 앞에 홀로 서게 된 인간은 그곳에서 예수 그리스도를 만나게 됩니다.

선한 의지만으로는 저주받은 세상에서 벗어날 수 없습니다. 무엇보다 하나님을 떠난 인간은 부패하여 선을 행할 능력이 없습니다. 하나님을 거역한 죄로 인해 저주받은 사회와 세상은 아무런 희망이 없습니다. 우리는 현대의 살인적인 경쟁과 죄악된 현실에서 벗어나기 어렵습니다. 선한 의지도, 선을 행할 능력도 없는 인간은 하나님을 기쁘시게 할 수 없습니다. 그러므로 기독교는 인간의 윤리를 가면과 위선으로 여깁니다. 결과적으로 기독교에서 말하는 구원, 곧 죄의 용서를 받는 것은 인간의 윤리를 필요로 하지 않습니다. 오히려 인간의 양심과 윤리가 하나님의 은총을 방해하는 요소가 됩니다.

따라서 예수 그리스도를 구세주로 영접하는 첫 단계는 바로 우리 자신이 죄인임을 고백하는 것입니다. 우리의 선행과 도덕이 하나님의 의로움의 기준에 이르지 못함을 깨달아야 합니다.

선행적 삶은 구원받은 사람들의 응답입니다.

그렇다면 기독교인들에게 윤리는 필요 없는 것일까요? 기독교인들은 세상의 윤리와 도덕을 무시하는 '도덕 폐기론자'는 아닙니다. 기독교인들도 윤리를 중시한다는 점에서 비(非)기독교인들과 차이는 없습니다. 다만 기독교인은 윤리의 근거를 자신의 인격에 두는 것이 아니라 하나님께 둡니다. 세상 사람들은 윤리의 근거를 자신에게 두기 때문에 인격이 무너지면 윤리도 무너집니다. 그러나 영원히 변치 않는 하나님께 근거를 둔 기독교윤리는 무너지지 않습니다.

또한 기독교 윤리는 예수를 믿고 죄를 용서받은 사람들이 그 사랑에 대해 응답해야 할 의무입니다. 그 응답은 바로 하나님을 사랑하고 이웃을 사랑하는 것입니다. 이제는 "이웃을 내 몸과 같이 사랑하라."는 예수님의 말씀을 자발적으로 지켜야 합니다. 윤리적인 삶은 구원받은 은혜에 대한 감격과 감사의 응답이고 신앙의 고백입니다.

우리는 이웃이 오리를 가자고 하면 십리를 가고, 겉옷을 달라하면 속옷까지 주며, 오른 뺨을 치면 왼 뺨을 대어주라는 예수님의 말씀을 실천해야 합니다. 구원받은 이후에 예수님의 사랑을 실천하는 도덕과 윤리는 필연적인 것입니다.

1. 당신은 죄를 무엇이라고 생각하는가?

   자신에게서 발견되는 죄의 유전성에 대해 말해보라.

2. 우리는 타락한 세상, 그리고 어쩌면 저주받은 세상에서 살고 있다.

   이 세상이 타락하고 저주 받은 증거를 말해보라.

   1) 동물세계

   2) 인간사회

   3) 국제사회

3. 성경은 인간이 자신의 선행으로 구원을 받을 수 없다고 말한다.
   과연 착하게 살아도 구원을 받을 수 없는 것인가?
   인간의 도덕과 윤리의 한계는 무엇인가?

4. 기독교인들이 선하고 착한 삶을 살아야 하는가?
   만약 그렇다면, 그 이유는 무엇인가?

2

Oh! You, the Human Beings!

오, 인간이여!

만물의 영장, 인간!

인간은 어떤 존재인가?

그러나 인간은 타락한 존재입니다.

죄란 무엇인가?

죄의 결과는 무엇인가?

하나님은 인간을 아주 특별하게 만드셨습니다.

"우리가 우리의 모습과 형상대로 사람을 만들자. 그래서 바다의 물고기와 공중의 새와 온갖 가축과 들짐승과 땅 위에 기어 다니는 모든 생물들을 다스리게 하자. 그래서 하나님께서 하나님의 형상대로 사람을 창조하시되 남자와 여자를 만드셨습니다." (창 1:26-27)

인간은 하나님의 형상을 따라 지음을 받았기에 만물의 영장이라 말할 수 있습니다.

하나님의 형상대로 창조된 인간은 하나님께로부터 만물을 다스리는 권세를 위임받았습니다. "자녀를 많이 낳고 번성하여 땅을 채워라. 땅을 정복하여라. 바다의 물고기와 하늘의 새와 땅 위에 움직이는 모든 생물을 다스려라." (창 1:28)

인간은 정말로 존귀하게 창조되었습니다. 하나님은 인간에게 만물을 다스리는 영광을 주셨습니다. 시편 기자는 말합니다. "주님께서는 사람을 천사보다 조금 못하게 지으시고, 그 머리에 영광과 존엄의 왕관을 씌우셨습니다." (시 8:5)

하나님이 유일하게 자신의 생기를 불어넣어 창조한 존재가 바로 인간입니다. 그래서 인간은 영적인 존재입니다. 동물은 혼만 있고 영이 없는 존재입니다.

"사람의 영은 위로 올라가고, 짐승의 영은 땅으로 내려가는 것을 누가 알겠는가?" (전도서 3:21)

하나님의 형상대로 지음을 받은 인간은 동물과는 비교할 수 없는 존귀함을 갖고 있습니다. 그런 면에서 원숭이를 인간의 조상으로 여기는 진화론자들의 주장은 참으로 어처구니없는 생각이 아닐 수 없지요. 하나님의 형상대로 창조되었으며, 만물을 다스리는 권세를 받은 존귀한 인간을 동물과 동일시할 수 없습니다. 그러면 이제부터 인간이 누구인지, 동물과 비교해서 이야기해 보겠습니다.

인간은 어떤 존재인가?

첫째, 인간은 언어적 존재입니다.

원숭이와는 달리 인간은 아주 발달된 언어를 가지고 있습니다. 지구상에는 대략 8000가지의 언어가 존재한다고 합니다. 대부분의 언어들은 수십 만 개 이상의 어휘들을 가지고 있습니다. 그 어휘로 아주 다양한 표현을 합니다. 그 많은 언어들 중 특히 한국어는 아주 풍부한 표현이 가능한 언어입니다. 예를 들면, 노랗다; 노르스름하다; 누렇다; 누르스름하다; 샛노랗다 등 세밀한 표현을 할 수 있습니다. 뿐만 아니라 인간은 이러한 정교한 언어를 활용해서 일종의 언어 예술인 문학을 합니다. 소설을 씁니다. 시를 씁니다. 편지를 씁니다. 논문을 씁니다. 보고서를 작성합니다. 언어 구사 능력은 동물이 흉내 낼 수 없는 인간만의 독특한 특권입니다. 인간은 언어를 통해 대화를 합니다. 연설을 합니다. 전화로 통화합니다. 말로 사랑을 표현합니다. 또한 문자 언어로 역사를 기록합니다. 우리는 과거에 일어났던 사건들의 기록을 통해 교훈을 받습니다. 그래서 우리는 좀 더 나은 미래를 창조할 수 있습니다. 언어를 사용할 수 있는 특권을 가진 인간은 참으로 존귀합니다.

둘째, 인간은 사회적 존재입니다.

동물들도 사회를 이루어 생활합니다. 하지만 인간만큼 사회적 결속이 뚜렷한 동물은 없습니다. 월급을 받고 직장에 다니는 동물이 있습니까? 인간은 법으로 사회를 통제합니다. 인간의 법은 성문법입니다. 나라에는 헌법이 있습니다. 나라들 간에는 국제법이 있습니다. 각 주마다 그리고 도시마다 그들 나름대로의 성문화된 법이 있습니다. 거기에 판례법이 있습니다. 법에 따라 처벌을 하고, 중대한 법을 어긴 자들은 감옥에도 보냅니다. 동물사회에는 교도소라 불리는 감옥이 없습니다. 인간사회에는 사회의 질서를 위해 성문법을 제정하는 국회가 있습니다. 또한 그 법을 판결하는 사법부가 있습니다. 그 법을 집행하는 행정부도 있습니다. 아주 잘 발달된 사회적 구조가 인간사회 속에 존재합니다.

그러나 아무리 똑똑한 동물이라 하더라도 인간처럼 신호등을 만들어 놓고 이를 지키지는 않습니다. 자신들의 땅을 합법적으로 소유하기 위해 땅문서와 집문서를 만드는 동물도 없습니다. 학교를 세워 사회에 적응하는 훈련을 시키는 동물은 인간밖에 없습니다. 인간사회는 정말로 사회성이 고도로 발달된 집단입니다. 어쩌면 인간이 '사회적 존재'라는 것은 만물의 영장이라는 표징일 수도 있습니다.

셋째, 인간은 철학적 존재입니다.

"사느냐, 죽느냐 이것이 문제로다."라고 고민하는 동물을 보셨습니까? 인생의 의미를 묻는 짐승을 보셨습니까? "나는 생각한다. 고로 존재한다."라는 낭만적이고 철학적인 말을 하는 동물을 보셨습니까? "이것이 합리적인가? 아니면 저것이 합리적인가?"를 묻는 짐승을 보았습니까? 이성적인 판단과 합리적인 사고를 통해 사건을 판단하는 짐승을 보셨습니까? 모든 사건을 실험하여 검증해보고서 받아들이는 짐승이 있습니까? 인간만이 이러한 것들을 할 수 있습니다. 인간은 인생에 대해 철학적으로 질문할 줄 압니다. 철학적인 사고를 하고 질문하고 답을 찾아 나갑니다. 또한 인간은 집단회의를 합니다. 그들이 한 일들을 비판적으로 토론하고 합리적인 제안을 합니다. 참으로 인간은 철학적인 존재입니다.

넷째, 인간은 문화적 존재입니다.

인간은 예술을 즐깁니다. 음악, 미술, 사진, 조형물, 스포츠를 즐깁니다. 돈을 내면서까지 음악회, 미술 관람회, 사진전, 각종 스포츠에 참가합니다. 스스로 옷을 입는 동물을 보셨습니까?

사시사철 다른 옷을 입고, 패션의 변화에 따라 옷을 입는 동물은 인간 밖에 없습니다. 인간은 나체를 부끄러워합니다. 부끄러움을 느끼는 것은 인간이 문화적 존재임을 보여주는 것입니다. 아마도 하나님에게 죄를 짓고 하나님을 피하여 숨는 인간의 모습이 바로 옷을 입는 문화로 전환되었을 수도 있습니다. 죄를 지어 숨고 피하는 인간에게 하나님은 옷을 지어주셨던 것입니다. 인간은 옷을 입고 있어야만 안정감을 느끼는 것 같습니다. 동물들은 자신의 알몸을 보여주면서도 아무런 부끄러움을 느끼지 못합니다. 이렇듯 인간은 문명을 가지고 있습니다. 문화재와 역사적 보물들을 소중하게 여깁니다. 문화적 존재로서의 인간은 존귀한 존재입니다.

다섯째, 인간은 도구적 존재입니다.

자동차나 비행기를 타고 다니는 동물을 보았습니까? 컴퓨터로 인터넷을 즐기는 짐승이 있습니까? 우주여행을 하며 달나라를 다녀 온 동물이 있습니까? 탁구나 테니스를 치는 원숭이를 보았습니까? 아니면 골프를 치는 침팬지를 보았습니까? 인간은 과학을 통해 편리한 도구를 발명하는 특별한 존재입니다. 동물사회에 병원이 있습니까? 의사가 있습니까? 초음파 기계가 있습니까? 아파트에 사는 짐승이 있습니까? 자신의 집을 자물쇠로 잠그고 다니는 동물이 있습니까? 저울을 만들어 무게를 정확히 재는 동물이 있습니까? 어디에서 이러한 도구를 만들 수 있는 지혜가 나오는지 참으로 신기합니다. 도구를 가지고 편리하게 사는 인간은 참으로 특별한 존재입니다.

여섯째, 인간은 도덕적 존재입니다.

자신이 잡은 먹이를 놓고 이것을 잡아먹는 것이 옳은지 그른지를 따지는 짐승은 없습니다. 다른 사람이 한 일을 도덕적인지 아니면 비도덕적인지 평가하는 짐승을 보았습니까? 뇌물을 받는 동물이 있습니까? 또한 뇌물을 받은 자를 감옥에 집에 넣는 동물을 보았습니까? 인간사회 속에는 도덕과 양심이라는 판단 기준이 있습니다. 자기가 아무리 어떤 일을 하고 싶어도 양심에 꺼리거나 사회적 윤리 기준에 걸리면 그것을 포기합니다. 아직도 인간 안에 하나님의 형상의 흔적이 남아 있어서 양심과 도덕을 강조하는지도 모릅니다. 도덕과 양심을 개인행동의 기준으로 삼는 인간은 존귀한 존재입니다.

일곱째, 인간은 종교적 존재입니다.

교회를 짓는 동물을 보았습니까? 시간마다 함께 모여서 예배를 드리는 동물은 없습니다. 성경이나 코란과 같은 경전을 가지고 있는 짐승도 없습니다. 헌금을 하는 동물이 있습니까? 찬송하는 짐승이 있습니까? 많은 무리를 모아놓고 설교하는 동물을 보았습니까?

그러나 우리 인간은 어느 민족이든 종교가 있습니다. 인간은 영적인 존재이기에 영적인 분이신 하나님을 찾습니다. 영이 없이 혼만 있는 짐승들은 하나님을 찾지도 않고 종교를 갖지도 않습니다. 종교적 존재로서 인간은 다른 동물들과 구별되는 특별한 존재입니다.

그러나 인간은 타락한 존재입니다.

성경은 인간이 타락한 존재라고 말합니다. 하나님의 명령에 불순종하여 죄를 지은 존재입니다. 사람들은 자신이 죄인이라는 사실을 인정하려 하지 않습니다. 혹자는 기독교가 죄라는 개념을 만들었다고도 말합니다. 그러나 죄는 모든 인간이 겪는 실존하는 현실입니다. 죄는 한 두 사람의 일이 아니라 보편적인 것입니다. 모든 사람이 예외 없이 죄로 인해 시달리고 있습니다. "제아무리 의롭다 해도, 죄짓지 않는 사람은 세상에 없다."(전 7:20) 아무리 도덕적으로 훌륭하다고 해도 그것은 한계가 있습니다. 거룩하신 하나님 앞에 설 수 있는 의인이 세상에는 한 명도 없다는 것입니다. 성경은 이를 증거 합니다.

"의인은 한 사람도 없습니다." (롬 3:10)
"모든 사람이 죄를 지어 하나님의 영광에 이를 수 없게 되었습니다." (롬 3:23)

이는 죄의 보편성을 말합니다. 여러분은 이 사실을 인정하기가 어려우실 겁니다. 그렇다면 죄의 보편성에 대한 증거들을 한 번 살펴봅시다.

인간 사회에 왜 법이 필요합니까? 그것은 인간들끼리 평화적으로 분쟁을 해결할 수 없기 때문입니다. 개인적 약속만으로는 부족합니다. 그래서 법적인 강제성을 가진 계약서를 작성해야 합니다. 요즈음은 계약서도 교묘하게 속이는 시대이기에 우리는 계약서마저도 믿기 어렵습니다. 친구나 이웃, 친척에게 빌려주는 돈조차도 아무 증인이 없이 건네주면 낭패를 보게 됩니다. 언젠가 라디오 방송에서 남에게 돈을 빌려줄 때는 은행 계

좌이체가 가장 좋다고 말하는 것을 들었습니다. 왜냐하면 증거가 남기 때문입니다. 사람이 사는 집은 울타리와 대문만으로는 부족합니다. 자신의 집을 자물쇠로 잠궈야 합니다. 러시아 사람들은 자신의 아파트를 4-5개의 자물쇠로 잠그고 다닙니다. 서로가 서로를 믿을 수 없기 때문입니다. 여행을 할 때 우리는 표를 사고 차를 탑니다. 그 차표를 검사받아야 하고, 마지막엔 그 표를 내고 내려야 합니다.

인간들은 사회의 질서 유지를 위해 법과 규범을 만들었습니다. 그러나 그것만으로도 부족하여 법을 어기는 사람을 단속하는 경찰과 검찰을 만들었습니다. 법정에서 가장 중요한 것이 증거물입니다. 아무도 증거가 없는 발언을 믿어주지 않습니다. 상대방의 말을 녹음하고 녹취한 증거가 있어야만 그것이 효력을 갖게 됩니다. 우리는 서로를 신뢰할 수 없습니다. 이 모든 것이 인간의 죄 때문입니다.

인간의 건강을 점검하기 위해 개발된 초음파 기계로 우리는 아들인지 딸인지를 구별해서 우리가 원하는 자식을 갖기 위해 낙태를 감행합니다. 인간의 죄악은 이미 인간 삶의 현실 속에 가득 차 있습니다.

죄란 인간이 하나님의 의도에서 벗어나는 것입니다. 아담과 하와를 만드셨을 때 하나님은 인간과 사랑의 교제를 나누시길 원하셨습니다. 그러나 하나님에게 불순종했기 때문에 인간은 하나님과의 인격적인 관계에서 이탈되었습니다. 이것이 최초의 죄입니다. 이 원죄가 그의 자손인 인류에 전달되었지요. 우리는 이를 죄의 유전이라 말합니다. 우리에게 유전된 죄는 '죄를 지으려고 하는 성향'으로 나타납니다. 하나님으로부터 벗어나려고 하는 '인간의 내적인 악함'이 바로 우리의 죄입니다. 여러분! 유전이라는 것은 참으로 무섭습니다. 우리의 나쁜 성격, 습관 등은 대를 이어 우리 자손에게 전달됩니다. 요즈음 현대의학에 의하면, 당뇨, 고혈압, 간질환 같은 질병들도 유전된다고 합니다.

하나님을 부인하고 인간 마음대로 살고자 하는 경향이 아직도 사람들 가운데 팽배해 있습니다. 그것이 현실 속에서 과학만능주의로, 철저한 이기주의와 개인주의로, 무신론적 철학으로, 공산주의 유물론으로, 진화론으로 드러납니다. 살인하며 강도질하며 거짓말하는 인간들의 모습은 하나님을 떠나면서 타락하게 된 인간의 면모를 단적으로 보여주고 있습니다. 이것은 곧 하나님을 떠난 인간이 죄인임을 보여주는 증거가 됩니다.

당신은 인간의 도덕과 윤리를 내세우고 싶으실 겁니다. 당신은 스스로 다른 사람보다 나쁜 사람은 아니라고 생각하실 겁니다. 그러나 성경은 인간의 선함은 하나님의 선함에 다다를 수 없다고 말합니다. 덴마크의 유명한 철학자 키에르케고르는 인간의 윤리를 "가면"이라고 말했습니다. 다시 말해 인간은 도덕적인 삶을 살지 못하면서도 마치 도덕적인 삶을 사는 척 위선적인 삶을 산다는 것입니다. 그래서 인간의 윤리는 아이러니입니다. 윤리적인 인간으로 살아간다는 것은 인간이 자신의 이기심과 악함을 교묘히 숨기는 것입니다. 윤리적 삶은 이런 아이러니한 위선적 삶을 반복하는 것입니다.

그러나 인간은 이러한 위장된 삶의 반복에 절망하게 됩니다. 이 절망이 바로 죽음에 이르는 병입니다. 우리는 실제 행하지 않더라도 머릿속에서 이미 많은 죄를 짓고 있습니다. 죄의 현실은 우리의 생각이라는 은밀한 곳에서 수도 없이 일어나고 있습니다.

"간음하지 말라는 명령을 너희가 들었다. 그러나 나는 너희
에게 말한다. 누구든지 음란한 생각으로 여자를 바라보는 사람
은 이미 마음속으로 그 여인과 간음한 것이다."
(마태복음 5:27-28)

"자기 형제를 미워하는 사람은 누구나 살인자입니다...."
(요한1서 3:15)

우리는 우리의 생각을 통해 얼마나 살인하고 간음하는지 모
릅니다. 실제로 우리의 죄악된 생각이 행동으로 나타나서 남
을 죽이고 간음하는 일도 너무나 많습니다. 우리는 얼마나 다
른 사람을 미워하고 증오하며 질투하고 시기하는지 모릅니다.
행동으로 드러나지 않아서 그렇지 하루에도 여러 사람을 생각
으로 죽였을 것입니다. 혹자는 감옥에 있는 사람은 들킨 죄인
이고, 감옥에 들어가지 않은 사람은 들키지 않은 죄인이라고
말합니다. 사람은 거짓말을 할 뿐만 아니라 진실을 교묘히 과
장하거나 왜곡하기도 합니다. 더 나아가 다른 사람을 중상하
고 비방합니다. 우리는 우리의 적수에 대한 나쁜 소문을 퍼뜨

리고, 남을 우롱하는 농담을 하며, 거짓 증언을 하기도 합니다. 또한 의도적으로 침묵함으로써 진실을 밝히지 않고 거짓을 옹호하기도 합니다.

그러나 세상의 법과 윤리와 도덕은 인간들의 생각 속에서 일어나는 수많은 죄악들과 교묘하게 행해지는 일상의 죄악들을 보지 못합니다.[1] 인간은 악하고 더러운 생각을 감추려고 애를 씁니다. 그러나 하나님께서는 이러한 죄를 보고 계십니다. 죄악을 행하고 있는 우리 자신과 하나님만이 은밀하게 이루어지고 있는 우리의 죄에 대한 유일한 증인입니다.

죄의 결과는 무엇인가?

첫째, 하나님과의 교제가 사라집니다.

하나님의 형상대로 지음 받은 인간은 영적인 존재입니다. 영적인 존재인 인간은 영이신 하나님과의 관계가 생명입니다. 그러나 인간은 죄를 범하였기에 더 이상 거룩하신 하나님과 함께 할 수 없게 되었습니다. 성경은 이렇게 말합니다.

---

1 숨겨진 악. 교묘하고 은밀한 인간의 악함에 대해 좀 더 자세히 알고 싶다면 저자의 최신작 '악의 비밀' 을 참조하시오.

"보아라! 여호와의 능력이 부족하여 너희를 구원하지 못하는 것이 아니다. 여호와께서 귀가 어두워서 너희 기도를 듣지 못하는 것이 아니다. 다만 너희의 죄악이 너희와 너희 하나님을 갈라놓은 것이며, 너희 죄 때문에 주께서 너희에게 등을 돌리셨고, 너희 말을 들어주지 않으신 것이다." (사 59:1-2)

더 이상 하나님의 음성이 들리지 않는 것! 이것이 바로 인간이 경험하게 된 영적인 사망입니다.

여러분! 세상을 한번 보십시오. 무신론이 지배하는 세상입니다. 더 이상 하나님의 음성을 듣지 못하는 인간들은 저마다 하나님이 없다고 말합니다. 아니 하나님이 죽었다고 말합니다. 아름다운 자연을 보아도 그것을 가능케 한 하나님을 인정하지 않습니다. 사람들은 우주와 삼라만상의 질서를 유지하는 자연의 법칙을 깨달으면서도 하나님이 그것을 창조하셨다고 말하지 않습니다. 그저 모든 것이 우연이라고 말합니다. 우연히 큰 폭발에 의해 우주가 팽창하였다고 말합니다. 우연히 번개에 맞아 생명체가 탄생되었다고 말합니다. 우연히 단세포 동물이 진화하여 고등동물인 인간에 이르기까지 발전하였다고 말합니다. 참으로 하나님의 음성을 듣지 못하는 귀머거리 인간들의 아우성입니다. 자신이 영적으로 사망한 것도 모르고 엄연히 살아있는 하나님을 죽었다고 외치고 있으니 참으로 안타깝습니다.

인간의 영혼은 인간 내면 깊은 곳에 숨겨진 하나님의 흔적입니다. 영혼이 죽은 사람들은 갈증을 경험합니다. 세상에 있는 어떤 것으로도 채울 수 없는 갈증을 느낍니다. 세상 천하보다도 더 큰 구멍이 바로 우리 안에 숨겨져 있기 때문에 아무리 큰 권력과 재물로도 우리를 만족시킬 수 없습니다. 우리의 진정한 만족은 오직 하나님으로부터 나옵니다. (고후 3:5) 우리 영혼은 하나님의 임재를 느낄 때에 진정으로 만족할 수 있습니다. 우리가 하나님의 임재를 경험할 때 우리 영혼이 비로소 숨을 쉬게 되는 것입니다.

이렇듯 하나님과 단절된 인간은 그 단절된 공간으로 인해 불안을 경험합니다. 인간들이 갖고 있는 까닭 모를 공허함은 하나님과의 분리된 공간으로 인한 것입니다. 그래서 인간은 그 공간을 메우려고 온갖 시도를 합니다. 이러한 몸부림의 결과물이 신문 곳곳에 자극적인 뉴스로 등장합니다. 술에 취한 아버지가 아들을 죽이고, 돈에 미친 아들이 아버지를 죽이며, 일가

족이 함께 자살을 하고, 온갖 엽기적인 사건 사고들이 매일 새롭게 신문 위에 파노라마처럼 펼쳐집니다. 또한 영화 속에는 불륜과 폭력과 보복이 난무합니다. 옛날부터 지금까지, 그리고 세계 어느 곳이든 동일하게 술집이 즐비합니다. 마약이 극성을 부립니다. 레슬링과 권투 그리고 이종격투기와 같은 폭력 스포츠가 인기입니다. 이러한 사회적 현상은 인간이 근원적인 공허감을 메우기 위해 자극적인 폭력과 돈과 향락과 쾌락에 빠져 있다는 증거입니다.

둘째, 죄의 노예가 됩니다.

죄는 우리로 하여금 하나님과의 관계를 단절시킬 뿐만 아니라 죄의 노예가 되게 합니다. 죄는 우리 마음 속 깊은 곳에 자리를 잡고 마음을 병들게 합니다. 인간이 짓는 많은 윤리적인 잘못들은 단지 외적으로 나타나는 죄의 현상에 불과합니다. 진짜 본질적인 죄는 우리 마음속에 있는 부패한 속성입니다. "그 어느 것보다도 비뚤어진 것은 사람의 마음이다. 사람의 마음은 심히 악하기 때문에 아무도 그 속을 알 수 없다." (렘 17:9) 교육학자들은 교육을 통해 어린이들을 선한 인간으로 만들려고 합니다. 그러나 수많은 교육이론들이 만들어지고 실행되어

왔지만 세상은 여전히 악함으로 가득 차 있습니다.

인간은 하나님 없는 자유를 추구하지만 그것은 대단한 착각입니다. 하나님 없는 자유가 착각에 불과한 이유는 인간의 마음 깊은 곳에 죄악된 본성이 자리 잡고 있고 그 본성으로 인하여 인간은 결국 죄의 노예가 되어 버리기 때문입니다. 예수님께서도 이것에 대해 말씀하셨습니다.

"사람에게서 나오는 것, 바로 그것이 사람을 더럽히는 것이다. 속에서부터, 즉 사람의 마음으로부터 악한 생각, 음란, 도둑질, 살인, 간음, 탐욕, 악의가 나오며, 속임수, 방탕, 질투, 욕지거리, 교만, 어리석음이 나온다. 이 모든 악한 것들은 사람의 속에서 나와 사람을 더럽힌다." (막 7:20-23)

인간 안에 있는 이러한 마음의 부패성은 하나님보다 우리 자신을, 그리고 세상의 물질과 쾌락을 더 사랑하려는 성향으로 나타납니다. 결국 하나님을 떠난 인간은 자유롭지 못하고 죄의 노예가 될 뿐입니다.

실제로 죄를 짓는 것은 우리 자신이 아니라 우리 안에 거하는 죄입니다. 태초에 인간은 하나님의 형상을 따라 선하게 창조되었습니다. 그런데 우리가 아무리 선하고 바르게 살려고 노력해도 무엇인가에 끌려가게 됩니다. 정말 내가 원하는 것은 하지 못하고 결국에는 하지 말아야 할 것을 하게 됩니다. 생각으로는 진실을 말하려고 했는데 나의 입은 벌써 거짓말을 하고 있습니다. 정말 어이가 없습니다. 나 자신도 어찌할 수 없는 왜곡된 마음, 부패한 마음을 경험합니다.

"…. 선을 행하려는 바람은 내게 있지만, 선을 행할 수는 없습니다. 나는 원하는 선은 행하지 않고, 원하지 않는 악을 행합니다." (롬 7:18-19)

이것이 바로 인간이 지나게 되는 절망의 깊은 골짜기입니다.

이 모든 것의 원인은 바로 '죄의 성향'입니다. "내가 원하지 않는 일을 행하고 있다면, 그 일을 행하는 자는 내가 아니라, 바로 내 안에 살고 있는 죄입니다." (롬 7:20) 정직하고 선하게 살고 싶은 의지는 우리에게 있지만, 그렇게 살지 못하게 막는 죄의 성향이 우리 안에 있다는 것입니다. 그래서 착하게 살고 싶은 마음이 악하게 살고 싶은 마음과의 전쟁에서 자주 패하게 되는 것이지요.

죄를 이겨낼 능력이 없는 인간! 절망 중의 절망 가운데 있는 인간! 바울은 이것을 '사망의 몸'이라고 부릅니다.

"나는 참으로 비참한 사람입니다. 누가 나를 이 사망의 몸에서 구원해 내겠습니까?" (롬 7:24).

우리에게는 해답이 없습니다. 이에 대해 상담해 줄 사람을 찾아보지만 그 역시 동일한 고민을 가지고 있는 인간일 뿐입니다.

그렇다면 이제 우리는 종교로 돌아가 해답을 찾을 수밖에 없습니다. 사람들의 비양심과 뻔뻔한 행위들에 상처받은 내 마음을 어떤 종교가 위로해 줄까? 그리고 점점 선함을 잃어가고 있는 나의 지치고 병든 모습 속에서 점차로 멍이 들고 있는 나의 양심을 어떤 종교가 구원해 줄 수 있을까? 인간의 악함의 근원은 도대체 어디에 있는 것일까 고민했던 당신에게 이제 예수가 보이십니까?

"그러므로 이제 그리스도 예수 안에 있는 사람은 정죄를 받지 않습니다. 그것은 그리스도 예수 안에서 생명을 주시는 성령의 법이 죄와 사망의 법에서 여러분을 해방시켰기 때문입니다." (로마서 8:2)

예수! 과연 그는 누구일까요?

항상 이상하게만 느껴지던 그가 나의 마음속에 손짓하며 매력적으로 다가오기 시작합니다.

예수!
그가 내게 가까이 다가오고 계십니다.

1. 인간과 동물의 다른 점은 무엇인가?

2. 죄란 무엇인가?

3. 죄의 결과는 무엇인가?

4. 인간의 죄성(부패성, 악함)에 대하여 나누어보자.

   과연 인간에게 구세주가 필요한가?

* 본 원고는 2011년 10월 중, 한동대학교와 극동방송이 함께 하는 라디오 프로그램, 〈한동 스케치〉를 위해 정성민 교수가 준비한 것입니다. 방송 원고이므로 대화 형식임을 양해해 주시길 바랍니다.

이재웅: 네, 한동 스케치 가족 여러분.

　　　　오늘 함께 하실 그의 나라 시즌 2는요,

　　　　지난 시간에 이어서 기독교 윤리에 대해 이야기 나눠볼게요.

　　　　오늘도 우리 스케치를 방문해 주신 반가운 손님 모실게요.

　　　　정성민 교수님, 어서 오세요.

정성민: 아, 안녕하세요?

이재웅: 네, 교수님.

　　　　오늘은 제가 이 기독교 윤리와 관련해서 질문을 하나 가지고 왔습니다. 사실, 다들 궁금하게 생각하는 부분일 텐데요. 율법을 과연 지켜야 하는가에 대한 질문입니다.

정성민: 네, 오늘의 이야깃거리는 율법이군요.

이재웅: 네, 어떤가요?

현대를 살아가는 기독교인들은 율법을 지켜야 하는 건가요?

정성민: 제가 쉽게 답변을 드리자면, 정답은 '예' 그리고 '아니오' 입니다.

이재웅: 어, 왜 그렇죠?

정성민: 먼저 율법이 필요 없는 이유는 우리가 죄에서 구원받아 하나님의 백성이 되는 데에 율법을 지킬 필요가 없습니다. 율법을 지킨다고 해서 구원을 받을 수 있는 것이 아니거든요. 그 누구든지 아무리 선해도 그리고 아무리 율법을 잘 지켜도 구원을 받을 수 없습니다.

율법은 이미 예수님에 의해서 성취되고 완성된 것입니다. 그러니까 예수님이 율법의 그 모든 요구를 완성시킨 유일한 분이시겠지요. 좀 더 쉽게 말해서, 율법의 요구는 자신을 온전히 내어주는 완전한 자기희생적 사랑이 없이는 불가능하거든요. 바로 인류를 위한 예수님의 십자가의 죽음이 율법의 요구를 온전히 이룬 유일한 사랑이었던 것이죠.

여기서 중요한 것은 예수를 믿는 자들에게 율법을 지킨 것과도 똑같은 효력이나 능력이 부여 된다는 것입니다. 그러니까, 인간들 각 개인들은 율법을 온전히 지킬 만큼 완전한 인격이나 사랑을 소유한 사람이 없지만, 누구든지 예수를 믿는 자들에게는 율법을 지킨 것으로 간주 되거든요. 하나님으로부터 말입니다. 이것이 바로 하나님의 은혜라는 것이죠. 예수를 믿을 때에 율법을 지킨 것과 같은 의로움을 부여해주시는 사랑이 바로 은혜요 은총인 것입니다.

이런 면에서 예수를 믿는 자들에게는 율법은 폐지된 것과도 같습니다.

이재웅: 아! 그렇군요.
그런데 마태복음을 보면 예수님께서 율법의 일점일획도 사라지지 않는다고 말씀을 하시지 않습니까? 우리의 의가 서기관이나 바리세인보다 낫지 않으면 결단코 천국에 들어갈 수 없다고 말씀하시거든요. 그렇다면 이러한 모순되는 부분은 어떻게 이해해야 할까요?

정성민: 그것은 바로 저의 대답의 율법의 필요성에 대한 예스에 해당하는 것입니다. 중생(다시 태어남)에 이르기 위해서 율법을 지키는 것은 직접적인 도움이 되지 않습니다. 거듭나기 위해서 예수를 믿어야만 합니다.

하지만 어떻게 우리가 예수를 믿어야 할 필요성을 느끼는가의 문제가 남습니다. 율법이 바로 우리로 하여금 죄를 깨달아 예수를 믿을 수 있도록 자극한다는 것이지요. 이런 면에서 율법은 폐기되거나 버려지는 것이 아니지요.

정성민: 사실 루터가 오직 의인으로 말미암아 살리라는 로마서의 말씀을 깨달은 것은 율법을 지키려는 정말이지 엄청난 노력을 하고 난 후에 가능해졌거든요. 율법을 지켜서 거룩해지고 싶은 욕망 속에 금욕적인 생활, 율법적인 생활을 끊임없이 했던 것이지요. 하지만 그러한 노력 후에 남는 것은 절대절망만 남게 되더라는 것이지요.

매일 자신의 육체의 욕심을 죽이려고 천 개의 계단을 올라가면서 무릎에서 피가 나오도록 노력을 했지만 정작 남는 것은 자신의 한계만이 느껴지는 것이지요. 이런 상황 속에서 신약학자로서 성경연구를 위해 로마서와 갈라디아서를 읽게 되었는데 새로운 깨달음이 다가왔던 겁니다. 바로 복음의 재발견이죠. 이신득의(오직 의인은 믿음으로 의로움을 얻게 된다)의 믿음이 깨달아진 것이지요.

그러니까 바울과 어거스틴이 믿고 주장했던 복음의 내용을 중세가 지나가고 천 년이 지나서야 비로소 루터가 다시 발견한 것이지요. 이런 면에서 볼 때 구원받기 위한 조건으로는 율법이 필요하지 않다고 볼 수 있습니다.

하지만 우리가 예수를 믿는 과정에서 율법 혹은 도덕적인 자기의식이 우리로 하여금 양심을 자극하고, 그로 인해 그 누군가 우리를 구원해줄 구원자를 필요하다는 자연스러운 의식이 우리에게 생기게 된다는 것입니다. 이런 면에서 율법은 우리가 예수를 믿을 수 있도록 우리를 준비시키고 깨닫게 하는 순기능을 하는 것이지요.

이재웅: 그렇다면 율법은 우리가 구원을 받을 수 있도록 돕는 간접적인 기능을 하는 것이겠네요?

정성민: 우리가 구원을 받아야 할 필요성을 깨닫는 데는 율법만한 거울이 없을 것입니다. 율법의 거울에 자신을 비추면 비출수록 더 추해지는 또한 더욱 무능해지는 자신을 깨닫기에 율법이 구원을 받는 과정에서 아주 중요한 기능을 하는 것이랍니다. 바로 우리 자신을 바로 볼 수 있는 거울의 기능입니다.

자신이 누구인지를 깨닫기 전에는 구원의 필요성조차 깨닫지 못한다는 것입니다. 결국 율법을 통해 우리의 죄를 깨닫게 되는 것입니다.

실존주의 철학의 아버지 키에르케고르가 자신의 저서 '이것이냐 저것이냐'에서 인간의 삶을 3단계로 정리해서 설명하는데, 첫 번째가 심미적 단계, 즉 쾌락을 추구하는 동물적인 본

능의 단계이고요. 두 번째가 윤리적인 단계입니다. 인간이 자신의 동물적인 본성을 감추고 싶은 것이지요. 그래서 윤리적인 단계로 점프하고 싶은 욕망이 생기는 것인데요. 바로 이 지점에서 인간은 자신에게 실망을 하게 됩니다. 바로 자신의 위선적인 모습을 바라보게 되는 것이지요. 아무리 도덕적이고 윤리적인 노력을 해도 자신의 동물적인 쾌락적인 근성은 숨길 수 없거든요. 그래서 자신의 윤리가 위선임을 깨닫게 됩니다. 바로 인간의 윤리가 가면과 같은 위선적인 것임을 알게 되는 것이지요. 이때 실존적인 인간, 바로 하나님 앞에 홀로 서서 자신의 죄악된 속성을 고백해야 하는 책임적인 인간은 절대절망에 빠지게 됩니다. 바로 이러한 절대절망은 바로 예수 그리스도에게로 인도하는 믿음의 시작이라는 것입니다. 19세기에 덴마크의 철학자 키에르케고르가 복음을 철학적으로 재해석한 것이지요. 이런 면에서 윤리나 율법은 우리로 하여금 절망하게 하는 것이라고 볼 수 있습니다.

이재웅: 그 외에도 또 여러 가지 율법의 역할이랄까요? 기능이 있을 것 같은데요. 무엇이 있나요?

정성민: 율법의 또 다른 기능은 아마도 우리로 하여금 하나님의 심판을 두려워하게 하는 것이 아닐까 싶습니다. 이러한 두려움 속에 중세의 수많은 수도사들이 거룩하게 살려고 노력하였던 것이지요. 자신의 욕망을 제어하려고 노력하였던 것이지요.

그러니까 율법은 하나님의 은혜를 받기 위한 조건인 셈이지요. 율법이 없이 은혜는 불가능하단 말이지요.

또한 은혜가 없다면 율법은 아무런 가치가 없는 고통일 뿐이지요. 그러니 율법과 은혜는 서로 조화를 이루면서 구원을 이루기 위한 필수적인 조건들이 되는 것입니다. 율법과 은혜는 서로 상반되지만 서로 양극적인 관계라고나 할까요? 율법에 치우치면 은혜가 약해지고, 은혜에 치우치면 율법이 약해지게 되어있습니다. 서로 양극관계에 있으면서 시소와 같은 함수관계 있다고 보면 됩니다.

다시 말하면 율법이 없는 은혜는 가짜 은혜이겠지요. 죄를 깨달을 수도 없고, 인간의 죄성이나 연약성, 무능함을 느낄 수가 없기 때문입니다. 그리고 은혜가 없는 율법은 아무런 열매가 없는 쓸데없는 인간의 노력에 불과한 것입니다. 이런 면에서, 예수를 믿지 않고 행하는 그 모든 인간적인 금욕이나 수행(힌두교나 불교의 금욕적인 수행도 포함), 그리고 수도사적인 삶은 단지 인간적인 몸부림에 불과할 수 있습니다.

이재웅: 그런데요, 교수님!
우리가 구원을 받은 후에, 구원에 대한 응답으로 율법을 감사함으로 지켜야 한다고 들었습니다. 그러니까 구원을 받기 위해서 율법을 행하고 지키는 것이 아니라, 하나님의 구원에

대한 응답으로 우리가 율법의 말씀들을 지키고 행해야 한다고 하는데, 과연 어떤 것들을 율법으로 적용할 수 있는 지가 궁금합니다.

성경 말씀에 보면 이렇게 해라, 이렇게 하지 말라는 여러 가지 말씀이 나오는데요, 앞서 설명하신 대로 모든 것을 말씀 그대로 지키기는 어려운데요, 교수님 보시기에는 어떤가요?

정성민: 사실 모든 율법의 말씀들이 오늘 날의 현실 속에서 문자 그대로 다 적용되기가 어려운 것은 분명합니다.

예를 한번 들어볼까요?
부모를 저주하는 자나 간음을 행하는 자에게 사형을 시행하라는 율법의 명령들을 오늘 날의 현실 속에서 어떻게 적용할 수 있을까요?

만일 문자 그대로 적용한다면 심각한 인권침해로 지탄을 받게 될 것이 아닙니까? 따라서 율법 가운데 오늘 날에도 문자 그대로 적용되어야 할 부분과 다른 하나는 율법정신을 잘 이해해서 오늘 날의 상황에 맞게 적용하는 작업이 필요하다고 봅니다.

이재웅: 아! 그렇군요.

문자적으로 그대로 적용할 율법과 우리시대에 맞게 새롭게
적용되어야 할 율법이 있다는 말씀으로 이해하면 되겠네요.

정성민: 그렇습니다.

모세의 율법은 4000년 전의 이스라엘이 아직 종교와 정치가
분화되지 않았던 시대에 주어진 하나님의 말씀입니다. 하나
님께서 그 시대적인 상황에 맞는 율법을 주셨다고 보시면 됩
니다.

그러나 현대사회는 지정학적인 여건과 문화적인 상황이 달
라졌습니다. 현대사회만이 가지는 아주 독특한 문제들이 생
긴 것이지요. 그러니까 구약시대만의 독특한 상황과 현대사
회의 상황이 너무나도 다르다는 것이지요.

그래서 구약시대에만 적용이 되는 율법들은 우리시대에 맞
게 율법정신을 잘 살려서 적용하는 것이 필요하겠지요.

현대사회만이 지닌 독특한 문제들에 대해서 하나님께서 어
떻게 다루실 것인가를 생각해보아야지요. 이러한 현대적인
새로운 상황에 대한 윤리의 근거는 바로 구약시대의 사람들
에게 맞는 율법을 주셨던 하나님의 마음을 헤아리는 것입니
다.

이것은 아마도 자유주의 신학자들이 말하는 상황윤리가 아니라 우리가 성경을 바탕으로 하나님의 마음을 헤아리고 그 율법정신을 현대 상황에 맞게 잘 적용해야 하는 성경적 상황윤리라고 생각하면 될 것 같습니다.

이재웅: 성경적 상황윤리라는 새로운 용어를 교수님께서 사용하셨네요. 한번 설명해주시지요.

정성민: 네, 성경적 상황윤리는 자유주의적인 신학자들이 문화적인 상황윤리를 통해서 기독교의 율법이나 윤리를 지나치게 상대화하는 것에 대한 저 나름대로의 반응을 표출한 것입니다.

이재웅: 그렇군요.

정성민: 사실 너무 보수적인 성도들이 성경시대와 현 시대의 문화적인 차이를 고려하지 않은 채 구약의 율법을 100%그대로 현실에 적용하려고 한다면 그것도 문제라고 봅니다.

예를 들면, 구약의 그 모든 제사법과 음식 법을 어떻게 할 건지가 궁금해집니다. 사실 구약의 제사법은 예수님을 통해 완성되었지 않습니까? 그래서 신약시대 이후로 지금까지 구약의 동물희생제사는 새롭게 적용이 되고 있는 것이라고 봅니다. 바로 그것이 히브리서의 주장이고 고백입니다.

다른 하나는 우리가 구약의 음식법을 그대로 적용한다면 돼지고기와 닭고기는 못 먹습니다. 이것도 참 생각해보아야 할 문제입니다. 안식일교나 유대교는 아마도 이러한 음식법을 현대에도 그대로 지키는 것 같습니다. 사실 이렇게 지키는 것에 대해서는 잘못되었다고 말하기는 어렵습니다. 그리고 하나님이 음식법을 이스라엘의 건강을 위해서 주셨다면 아주 지혜로운 그리고 과학적인 음식법일 수도 있습니다. 문제는 그렇다고 해서 오늘 날에 돼지고기와 닭고기가 서민들의 주식인데, 이것을 먹는 것을 보고 율법을 어겼다고 보면 참 고통스럽지 않겠습니까?

이재웅: 아 참, 그렇군요!
돼지고기와 닭고기를 음식의 대상에서 포기하는 것은 참 힘든 일일 것 같습니다.

정성민: 사실 저도 돼지고기 삼겹살 좋아 하구요! 양념치킨도 좋아합니다. 하하

사실 율법의 구성이 첫 번째로 유대인의 절기, 제사법, 음식법, 정결법과 같은 것으로 구성된 의식법이구요. 둘째로 구약 신정사회를 이끌기 위해 형법, 민법, 상법 등을 다루는 시민법입니다. 다음으로 십계명, 황금률, 사랑의 대강령, 산상수훈들과 같은 도덕법입니다.

이재웅: 그러면 시민법에 대해 조금 말씀해주시면 좋겠습니다.

정성민: 모세의 율법 안에 있는 시민법은 팔레스틴이라고 하는 지역
적이고 지리적인 상황과 4000년전 고대 근동의 시대적 상황,
즉 정치적이고 사회적이며 문화적인 상황을 고려해서 이해
해야 한다는 것이죠.

여러 가지 구체적인 시민법의 적용이 오늘날의 시각으로 보
면 말도 안 되는 것같이 보일 수도 있습니다. 하지만 그 당시
의 시대적인 상황 속에서 이해하려고 노력하면 이스라엘 백
성을 향한 하나님의 사랑과 배려가 느껴집니다. 하나님만큼
공평하고, 하나님만큼 상호 호혜적이며, 하나님만큼 한 사람
한 사람을 아끼는 분은 없는 것 같다는 생각이 들게 됩니다. 그
율법정신, 하나님의 마음이 오늘 날의 모든 법에도 적용이 되
었으면 합니다.

요즘 현대사회는 도덕정신이나 상호 배려하는 마음이 없는
법만이 존재하는 것 같습니다. 법의 테두리 안에서 자신들의
나쁜 마음과 생각을 마음껏 악용하는 것 같습니다. 그래 놓고
비싼 변호사만 선임하면 되는 사회가 안타깝습니다.

만일 구약의 시민법 정신이 오늘 날에 그대로 적용되면 얼마
나 행복한 사회가 될까 생각해봅니다. 구약 성경에 드러난 하

나님의 마음, 즉 인간과 동물을 향한 관심과 배려를 성경말씀을 통해 한번 살펴볼까요?

곡식을 밟아 떠는 소의 망을 씌우지 말라. (신 25:4)
너희 땅의 곡물을 벨 때에 밭모퉁이까지 다 베지 말며 떨어진 것을 줍지 말고 그것을 가난한 자와 거류민을 위하여 남겨두라 나는 너희의 하나님 여호와이니라. (레 23:22)

이재웅: 정말, 미천한 짐승과 가난한 자들을 위한 하나님의 애틋한 마음이 느껴지는 군요.

정성민: 그렇죠?
우리가 구체적인 율법의 내용들을 세밀하게 지키는 것도 중요하지만, 가장 중요한 하나님의 마음을 헤아리는 것이 더욱 중요하다고 봅니다. 바로 율법정신이지요.

그렇다고 구약의 문자 하나하나의 말씀을 무시한 채로 모두 다 새롭게 적용하라는 것은 또한 아닙니다. 이점 오해가 없으셨으면 좋겠습니다.

인간의 편리에 따라 고무줄처럼 늘어났다가 줄어드는 법의 제정과 변호사의 역량에 따라 해석과 적용이 너무나 달라지는 현대사회의 법 적용이 이제는 성경으로 돌아가서 하나님

의 마음을 그 중심에 놓고 법을 제정하고, 법을 적용했으면
하는 바램입니다.

이재웅: 자, 벌써 교수님과 작별인사를 나눠야 할 시간입니다.
너무 아쉬운데요?
다음 이 시간에 더 쉽고 재미있는 이야기 나눠보겠습니다.
교수님 안녕히 가세요.

정성민: 네, 감사합니다.

착하게 살아도
천국에
들어가지 못하는가?

내가 행하는 것을 내가 알지 못하노니 곧 내가 원하는 것은 행하지 아니하고 도리어 미워하는 것을 행함이라 만일 내가 원하지 아니하는 그것을 행하면 내가 이로써 율법이 선한 것을 시인하노니 이제는 그것을 행하는 자가 내가 아니요 내 속에 거하는 죄니라 내 속 곧 내 육신에 선한 것이 거하지 아니하는 줄을 아노니 원함은 내게 있으나 선을 행하는 것은 없노라 내가 원하는 바 선은 행하지 아니하고 도리어 원하지 아니하는 바 악을 행하는도다 만일 내가 원하지 아니하는 그것을 하면 이를 행하는 자는 내가 아니요 내 속에 거하는 죄니라 그러므로 내가 한 법을 깨달았노니 곧 선을 행하기 원하는 나에게 악이 함께 있는 것이로다 내 속사람으로는 하나님의 법을 즐거워하되 내 지체 속에서 한 다른 법이 내 마음의 법과 싸워 내 지체 속에 있는 죄의 법으로 나를 사로잡는 것을 보는도다 오호라 나는 곤고한 사람이로다 이 사망의 몸에서 누가 나를 건져내랴 (로마서 7:15-24)

I do not understand what I do. For what I want to do I do not do, but what I hate I do. And if I do what I do not want to do, I agree that the law is good. As it is, it is no longer I myself who do it, but it is sin living in me. I know that nothing good lives in me, that is, in my sinful nature. For I have the desire to do what is good, but I cannot carry it out. For what I do is not the good I want to do; no, the evil I do not want to do--this I keep on doing. Now if I do what I do not want to do, it is no longer I who do it, but it is sin living in me that does it. So I find this law at work: When I want to do good, evil is right there with me. For in my inner being I delight in God's law; but I see another law at work in the members of my body, waging war against the law of my mind and making me a prisoner of the law of sin at work within my members. What a wretched man I am! Who will rescue me from this body of death?